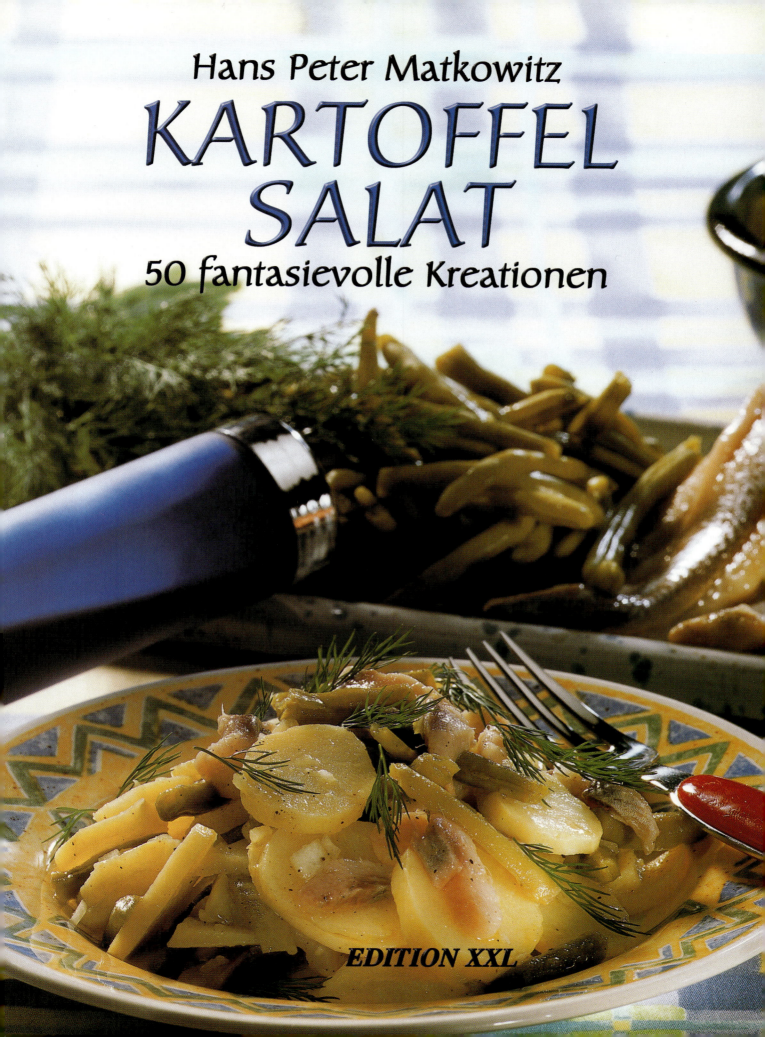

Hans Peter Matkowitz

KARTOFFEL SALAT

50 fantasievolle Kreationen

EDITION XXL

Vorwort

Die ursprünglich aus den Kordilleren von Peru und Chile stammende Kartoffel kam zwischen 1565 und 1585 auf verschiedenen Wegen nach Europa. Zunächst als Zierpflanze gehalten, wurde sie erst Mitte des 18. Jahrhunderts durch Friedrich den Großen als Nahrungsmittel in Preußen eingeführt. Um der zunächst sehr skeptischen Bevölkerung das neue Lebensmittel näher zu bringen, griff dieser zu einer List. Er ließ Kartoffeläcker anlegen und sie nur so spärlich bewachen, dass genügend »Diebe« sie nachts ausgraben und mit nach Hause nehmen konnten. So begann die zu den Nachtschattengewächsen gehörende Kartoffel ihren Siegeszug durch Europa. Die von den Franzosen als »pomme de terre« (Apfel der Erde) von den Engländern als »potate« und den Italienern gar als »tartuffulo« (Trüffel) bezeichnete Knolle, findet sich heute in jeder Küche und gehört zu den Grundnahrungsmitteln.

Mit relativ wenig Aufwand ist daraus schnell eine Suppe, eine Beilage oder ein Salat zubereitet. Wer hat es nicht, sein Rezept für Kartoffelsalat. Überliefert und gut, einfach und schnell. Niemals aufgeschrieben, immer nur mündlich von einer Generation zur nächsten weitergegeben. Der Sortenreichtum ist zwar inzwischen sehr groß geworden, jedoch benützen die meisten Leute keine spezielle Kartoffel für die Zubereitung Ihres Kartoffelsalates. Im südlichen Teil unseres Landes bevorzugt man eher einen feuchteren Salat, während in West- und Norddeutschland ganze Kartoffelscheiben erkennbar sind und dieser in der Herstellung eher trockener gehalten wird.

So wie wir ihn heute kennen, ist dieser aber beileibe keine rein deutsche Erfindung. Zwar gibt es bei uns besonders viele sogenannte Hausrezepte, deren Hauptbestandteil die Kartoffel ist, jedoch ein Blick über den Zaun zum europäischen Nachbarn oder gar nach Amerika belehrt uns eines Besseren. So steht die Kartoffel im Rezept oftmals nur neben vielen, weiteren Zutaten und spielt dort eher eine untergeordnete Rolle.
»Wir zu Hause machen den immer so« »Den hat meine Mutter schon so gemacht« und »Der schmeckt uns allen, auch heute noch«. Schon richtig, aber wie machen ihn denn die anderen? Wie der Nachbar und wie bekommt man ihn unter Umständen im Urlaubsland serviert? Wie in einem amerikanischen, spanischen oder gar türkischen Restaurant?

Um eine Antwort auf all diese Fragen zu geben habe ich eine ganze Reihe von Rezepten zusammengetragen. Einfach die Leute gefragt, zugehört und aufgeschrieben. Abgelauscht abends in meiner Stammkneipe, bei Einladungen und natürlich auch bei vielen Gesprächen mit Berufskollegen. Das eine oder andere Rezept auch schon mal aus Freude am Kochen selbst erfunden. Oftmals nur aus vorhandenen Vorräten ohne größeren Aufwand. Wenn man so will, gelebte Kreativität am Kartoffelsalat.

Gutes Gelingen und guten Appetit,

Ihr Autor
Hans Peter Matkowitz

Kleine Warenkunde...

Geeignete Kartoffelsorte:
Zumeist werden keine speziellen Kartoffelsorten für die Herstellung des Salates verwendet oder gar extra dafür eingekauft. Dennoch sollte man nicht davor zurückschrecken, auch mal eine andere Sorte zu probieren.
Man unterscheidet im Wesentlichen zwei Sorten. Zum einen die festkochende Kartoffel und zum anderen die mehlig kochende Kartoffel. Wer seinen Salat weicher mag, der sollte zu den Sorten Bintje, Margerita, Aula, Datura, Adretta, Ilona, Irmgard, Likaria und Primura greifen. Für Liebhaber einer eher festkochenden Kartoffel sind Sorten wie Sieglinde, Forelle, Cilena, Ratte, Exquisa, Hansa, Linda, Nicola, Selma und Punika im Handel. Eine Auswahl davon ist unten und auf den folgenden 3 Seiten abgebildet.

Einkauf: Die Kartoffeln sollten keine runzelige Haut aufweisen, weder grüne oder gar braune Flecken haben und auch keine Keimansätze zeigen. In Tüten oder Netzen verpackte Kartoffeln sorgsam auf solche Merkmale hin prüfen.

Auch Nachwiegen kann nicht verkehrt sein, da es schon mal Gewichtsverluste durch falschen Transport oder Zwischenlagerung gibt. Beim Kauf von offener Ware (z.B. vom Erzeuger) denken Sie daran, dass diese manchmal stark mit Erde behaftet ist, die dann mitgewogen den angegebenen Kilopreis verfälschen kann. Grundsätzlich eignet sich zum Einkellern nur ungewaschene Ware. Ist genügend Platz vorhanden, so sollte man seinen Kartoffelvorrat nach Größen sortieren. Dies erleichtert ein wenig die Küchenarbeit, da man z.B. zu Fisch gleich kleine Kartoffeln zur Hand hat und auch nach besonders großen zum Reiben für Kartoffelpuffer oder Kartoffelknödel nicht lange suchen muß.

Transport:
Beim Transport mit dem Auto im Winterhalbjahr die Kartoffeln im Inneren des Fahrzeuges transportieren. Bei Minusgraden nicht längere Zeit (z.B. über Nacht) im Kofferraum liegen lassen, da sich die Knolle schnell »Frostbeulen« holt und dann beim Kochen glasig wird.

Cilena – Delikatesskartoffel, gut zu verarbeiten, bleibt in der Farbe gelb.

Exquisa – gebogene, lang-ovale Form, festkochend, lange haltbar im Winterlager

Beim Einkauf im Winter mit dem Fahrrad oder zu Fuß kann ein Thermobeutel die Kartoffel vor Frost schützen, da dieser nicht nur im Sommer vor Wärme, sondern auch im Winter vor Kälte schützt. Während des Sommers die Kartoffeln nicht im Inneren des Autos längere Zeit liegen lassen (Temperaturen von über 50° C sind hier keine Seltenheit), sondern sie zum Transport in die hinterste Ecke des Kofferraumes legen.

<u>Lagerung:</u>
Kartoffeln sollten immer in einem kühlen (8° bis 10° C), dunklen und gut belüfteten Raum gelagert werden. Bei größeren Mengen (Einkellern) eignet sich als Lagerstätte eine sogenannte Kartoffelkiste gut, da sie zu allen Seiten hin aus Lattenrosten besteht. Auf jeden Fall aber müssen Kartoffeln vor direkter Sonneneinstrahlung oder Frost geschützt werden. Gekochte Kartoffeln niemals offen zusammen mit Blattsalaten, rohem Geflügel oder Fisch lagern (Salmonellengefahr!). In verschlossenem Behälter im Kühlschrank ca. 2 Tage haltbar.

<u>Kochen:</u>
Da neue Kartoffeln im Frühjahr noch eine dünne Schale haben, diese nicht schälen sonder nach gründlichem Waschen immer mit ein wenig Kümmelkörner kochen, da diese den Geschmack verstärken. Nach kurzem Auskühlen schälen.

<u>Tips:</u>
SALZKARTOFFELN kochen schneller, wenn man bereits während des Schälens in einem seperatem Topf oder Kessel Wasser zum Kochen bringt. Kartoffeln salzen und mit kochendem Wasser so eben bedeckt übergießen.
PELLKARTOFFELN nach dem Kochen mit wenig kaltem Wasser rasch übergossen, lassen sich schneller weiterverarbeiten.
HEISSE KARTOFFELN vor dem Schälen mit einer sogenannten Kartoffelgabel aufspießen, dann die Schale mit einem kleinen Messer abziehen.
KALTE KARTOFFELN kurz mit heißem Wasser überbrüht, lassen sich leichter abschälen.
KLEINE KARTOFFELN lassen sich mit Hilfe eines Eierschneiders schneller in Scheiben schneiden.

Forelle – tiefgelb, aromatisch, kräftig im Geschmack, festkochend.

Linda – langoval, tiefe gelbe Fleischfarbe, Delikatesssorte, wunderbares Aroma.

Kleine Warenkunde...

Warm halten: Die geschälten Kartoffeln in ein sauberes Küchentuch eingeschlagen, mit wenig Butterflocken besetzt, in einen abgedeckten Kartoffeldämpfer geben. Dabei den Herd auf Stufe »1« belassen. Dies gilt besonders bei »Neuen Kartoffeln«. (Für größere Mengen »Warmer Kartoffelsalat« zu empfehlen)

Würzen: Ein besseres Ergebnis erreicht man, wenn z.B. Salz, Pfeffer, Essig und Wasser separat in einer zweiten Schüssel gut vorgemischt werden und dann unter die übrigen Zutaten gehoben werden.

Dekorieren: Zur Dekoration eignen sich meist alle Dinge, die sich selbst im Salat befinden. Zum Beispiel Essiggurken, Zwiebeln, Erbsen, Fleischwurst etc. Daneben können auch Salatblätter (auch Ruccula, Radicchio oder Chicorée sind eine Variante) Eierscheiben oder gehacktes Ei, Radieschen, rote Zwiebeln, Spitzen von grünem Spargel, Tomatenecken und Fächer von Salatgurke, sowie gehackte Petersilie, Dillspitzen oder geschnittener Schnittlauch verwendet werden.

Aufbewahren: Kartoffelsalat können Sie in einem verschlossenem Behälter im Kühlschrank max. 2 Tage lagern. Evtl. vorhandene Garnituren solten Sie aber entfernen.

Zutaten:Tips

MAYONNAISE/REMOULADE: Mit Mayonnaise oder Remoulade gebundener Salat sollte möglichst frisch zubereitet und gegessen werden. Auch Crème fraîche, Crème double, saure Sahne, Schmand oder Saure Sahne kann statt Mayonnaise verwendet werden.

GERÄUCHERTE ODER GESALZENE FISCHE: Bei der Verwendung von gesalzenen oder geräucherten Fischen, den Salzanteil im Salat reduzieren oder gänzlich auf Salz verzichten. Einlegen solcher Fische in Buttermilch (ca. 1 Stunde.), in Milch (ca. 2 Stunden), oder kalten, schwarzen Tee (ca. 20 Minuten) entzieht diesen das Salz.

TOMATEN: Um das »Verwässern« von Kartoffelsalat zu vermeiden, Tomaten vor Verwendung halbieren, aushöhlen und

Nicola – festkochend, gelbfleischig, sehr guter, feiner Geschmack, lange haltbar.

Selma – langoval, helle Farbe, mittelfrühe, festkochende Salatkartoffel.

innen mit wenig Salz bestreuen. Die Hälften 1 Stunde auf den Kopf stellen und austropfen lassen. An Stelle von frischen Tomaten kann man auch mal zu gewürfelten Dosentomaten greifen, die aber vor Verarbeitung erst einmal auf einem Sieb gut abtropfen müssen. Einen leicht versalzenen Kartoffelsalat lockert man zunächst mit Hilfe einer Gabel auf und mischt anschließend Tomatenwürfel unter. Diese binden überflüssiges Salz und mindern dadurch die Schärfe. Auch Salatgurken haben den gleichen Effekt.

SCHNEIDEN: Kleine gekochte Kartoffeln lassen sich leicht mit Hilfe eines Eierschneiders in Scheiben teilen. Für den gleichen Arbeitsvorgang bietet der Handel allerdings auch sogenannte Kartoffelharven an.

KARTOFFELSALAT ERWÄRMEN: Ist der Kartoffelsalat zu kalt, etwas kochende Fleischbrühe untermischen. Anstelle von Fleischbrühe kann auch Würfel- oder Instantbrühe verwendet werden.

Sieglinde – Frühkartoffel, festkochend, edel, feinmild – der Kartoffel-Klassiker.

Erwärmen in der Mikrowelle kann den Eigengeschmack einzelner Zutaten wie z.B. Tomaten, Gurken oder Wurst zerstören.

KARTOFFELSALAT DEKORATIVER: Um den Salat dekorativer zu gestalten, zunächst nur einen einfachen Kartoffelsalat herstellen. Zutaten wie Gurken, Tomaten, Wurst- und Kräutereinlagen fein würfeln bzw. hacken. Eventuell mit Salz, Pfeffer und Essig vorwürzen. Eine Glasschüssel zunächst mit 2–3 cm einfachem Kartoffelsalat füllen, dann schichtweise und abwechselnd mit anderen Zutaten auffüllen.

SALATGURKEN: Nach dem Schneiden mit wenig Salz vorwürzen, kurz ziehen lassen und vor dem Untermischen auf einem Sieb abtropfen.

ZWIEBEL: Um das »Sauer werden« besonders bei längerer Lagerung zu vermeiden, geschnittene Zwiebeln vor Untermischen mit wenig Essig kurz aufkochen und anschließend auskühlen lassen.

ÖL: Immer erst nach dem Abschmecken zum Schluss unter den Salat heben, da Öl die Zunge mit einem dünnen Film belegt.

SPECK: Wird gewürfelter Speck nach dem Braten in der Pfanne mit dem ausgetretenen Fett untergemischt, kann der Kartoffelsalat schnell tranig schmecken.

Kartoffelsalat »Amerikanische Art«

Zutaten

750 g	Salatkartoffeln
	Salz
300 g	Truthahnbrustfilets
	Salz
	Pfeffer
	gemahlener Rosmarin
	Öl zum Braten
1 Dose	Gemüsemais (425 ml)
1	große, rote Paprikaschote
2	rote, gewürfelte Zwiebeln
2	gehackte Knoblauchzehen
	Pfeffer
	Salz
	Essig
4 EL	Erdnussöl

Zubereitung

Die Kartoffeln schälen, in Würfel von etwa 2 cm Kantenlänge schneiden und in leichtem Salzwasser ca. 5 Minuten garen. Anschließend auf ein Sieb geben und auskühlen lassen.
Das Geflügel mit Salz, Pfeffer und Rosmarin würzen und von allen Seiten in der Pfanne braten. Anschließend abkühlen lassen und ebenfalls in Würfel schneiden.
Auch die Paprikaschote würfeln und zusammen mit dem abgegossenen Mais, dem Truthahn, Knoblauch, Zwiebel, Pfeffer, sowie Essig und Erdnussöl in einer Schüssel marinieren.
Nach etwa 1 Stunde im Kühlschrank die Kartoffeln unterheben. Eventuell nochmals mit Salz, Pfeffer und Essig abschmecken.

Tip

Für den Salat lassen sich auch gekochte oder gebratenen Teile vom Huhn verwenden.

Garnitur

Den Salat anrichten und obenauf mit feinen Würfeln von Paprika, sowie Maiskörnern garnieren.

Kartoffel-Käse-Salat »Appenzeller Art«

Zutaten

500 g	Salatkartoffeln
	Salz
300 g	geschnittenen Appenzeller
1 Bund	Frühlingszwiebeln
300 g	Crème fraîche
50 g	süße Sahne
1 Msp.	Currypulver
	Salz
	Pfeffer
	Essig
	Öl

Für die Garnitur:

2 Scheiben	Appenzeller
2 EL	Ringe vom Zwiebellauch
1 Msp,	Currypulver

Zubereitung

Die Kartoffeln schälen, mit Salz kochen und ausgekühlt in Scheiben schneiden. Den grünen Lauch der Zwiebeln in dünne Ringe und die Käsescheiben in Plättchen schneiden. Aus Crème fraîche, Sahne, Currypulver, Salz und Pfeffer die Salatsoße zubereiten. Kartoffeln, Zwiebeln, Käse und Salatsoße mischen und 1 Stunde im Kühlschrank ziehen lassen. Erst dann mit Essig und Öl abschmecken.

Für die Garnitur Käsescheiben zurückbehalten, in lange, dünne Streifen schneiden und diese gitterartig auf den Salat legen. Obenauf Ringe vom Zwiebellauch und Curry steuen.

Tip

Wem der Appenzeller zu scharf im Geschmack ist, der kann auch den etwas milderen Raclette-Käse verwenden.

Garnitur

2 Käsescheiben zurück-behalten, in lange, dünne Streifen schneiden und diese gitterartig auf den Salat legen. Obenauf wenig Ringe vom Zwiebellauch streuen.

Zutaten

750g	Salatkartoffeln
250 g	Entenbrustfilet ohne Knochen
	Salz
	Pfeffer
1 EL	chinesische Fischsoße
1 TL	Currypulver
	Öl zum Braten
1 kl. Stange	Lauch
1–2	geraspelte Karotten

Für den Dressing:

1/2 Tasse	Wasser
1	feingehackte Knoblauchzehe
1 EL	Honig
1 TL	Soyasoße, süß
1/2 TL	Currypulver
1 TL	Sambal Olek
2 TL	Chinesische Fischsoße
2 EL	Essig

Zubereitung

Die Kartoffeln schälen, der Länge nach vierteln und diese dann in dünne Scheiben schneiden. In leichtem Salzwasser blanchieren, auf ein Sieb gießen und abkühlen lassen.
Die Entenbrustfilets in dünne Streifen schneiden mit Salz, Pfeffer, Currypulver sowie chinesischer Fischsoße gut vermischen und anschließend mit wenig heißem Öl rasch in der Pfanne braten. Danach auskühlen lassen. Den Lauch der Länge nach aufschneiden und gründlich waschen.
Anschließend in hauchdünne Scheiben schneiden. Lauch, Kartoffeln, Karotten und Geflügel mischen.
Die Zutaten für den Dressing in einer seperaten Schüssel mischen und unter den Salat heben.

Tip

Zur Not kann man auch statt Entenbrust Hühnerbrustfilets verwenden.

Garnitur

Nach dem Anrichten des Salates aus zurückbehaltenen Lauchblättern kleine Fächer schneiden un damit den Salat garnieren.

Zutaten

750 g	Salatkartoffeln
	Salz
	Kümmelkörner
2–3	Essiggurken
200 g	Blutwurst
	Öl zum Braten
200 g	geräucherten, durch-wachsenen Speck
2	grobgewürfelte Zwiebeln
	Pfeffer
	Mayoran
	Essig, Öl

Zubereitung

Die Kartoffeln mit Salz und Kümmel als Pellkartoffeln kochen, schälen, auskühlen lassen und in Scheiben schneiden. Speck in Würfel schneiden und in Öl knusprig braten. Zwiebeln und Majoran zugeben und etwa 5 Minuten mitdünsten. Anschließend unter die Kartoffeln heben. Blutwurst und Essiggurken würfeln und mit Salz, Pfeffer und etwas Gurkenwasser marinieren. 1 Stunde ziehen lassen und anschließend unter die Kartoffeln geben. Mit Salz, Pfeffer und Essig nachschmecken, mit Öl den Salat vollenden.

Tip

Klein geschnittene Bockwürste oder Wiener Würstchen machen den Salat noch attraktiver.

Garnitur

Würfel von Blutwust, Gurkenfächer, Zwiebelringe.

Zutaten

1000 g	Salatkartoffeln
	Salz
	Kümmelkörner
2	feingeschnittene Zwiebeln
	Salz
	weißen, gemahlenen Pfeffer
1 Tasse	warme Fleischbrühe
	Essig, Öl

Für die Garnitur:
1 EL	gehackte Petersilie
1/2 TL	Kümmelkörnere

Zubereitung

Kartoffeln waschen und als Pellkartoffeln mit Salz und Kümmel kochen. Die geschälten Kartoffeln in Scheiben schneiden.
Mit Salz, Pfeffer und Essig würzen. Zwiebeln und Fleischbrühe zugeben. Den Salat mischen, abschmecken und erst dann das Öl beifügen.

Tip

In lauwarmen Zustand gegessen schmeckt er am besten.

Garnitur

Bestreuen mit gehackter Petersilie und wenig Kümmelkörnern.

Kartoffelsalat »Brauer Art«

Zutaten

500 g	Salatkartoffeln
	Salz
100 g	Fleischwurst
100 g	gekochten Schinken am Stück
100 g	rohen Schinken am Stück
100 g	geräucherten, durchwachsenen
	Speck
	Öl zum Braten
2	grobgewürfelte Zwiebeln
	Salz
	Pfeffer
	Essig
	Mayoran
	Thymian
	Öl

Zubereitung

Die Kartoffeln schälen in Würfel von etwa
2 cm Kantenlänge schneiden und in leichtem
Salzwasser ca. 5 Minuten kochen.
Anschließend auf ein Sieb geben und auskühlen lassen. Rohen und gekochten Schinken
sowie Speck und Fleischwurst in Würfel
schneiden. Öl erhizten, zuerst den Speck darin
knusprig braten, dann Schinken und Wurst
zugeben, vorsichtig durchmischen, mit Salz,
Pfeffer und Essig würzen und auskühlen
lassen. Mit Öl den Salat geschmeidig machen.

Tip

Der Salat kann auch lauwarm
gegessen werden.

Garnitur

Ringe von roten Zwiebeln,
Würfel von gekochtem
Schinken sowie geschnittener
Schnittlauch.

Zutaten

500 g	Salatkartoffeln
	Salz
1 Packung	Mischgemüse
	aus der Tiefkühltruhe
	Salz
	Zucker
	weißen Pfeffer
	Essig
	Öl
1 Bund	gehackte Petersilie

Zubereitung

Die Kartoffeln waschen und mit Salz als
Pellkartoffeln kochen. Anschließend schälen
und auskühlen lassen. Das Mischgemüse
in wenig Wasser mit Salz und Zucker
blanchieren, mit kaltem Wasser kurz
abschrecken und auskühlen lassen.
Mit Salz, Pfeffer und Essig vorsichtig
abschmecken, ebenso die Kartoffelscheiben.
Erst dann beides zusammenmischen, Petersilie
und Öl zugeben.

Tip

Um den Salat noch bunter zu gestalten, kann
man je nach Geschmack noch eine kleine
Dose Gemüsemais dazugeben. Diesen aber erst
unter das blanchierte Mischgemüse geben und
miteinander abschmecken. Bunter wird der
Salat, wenn die Hälfte des Mischgemüses,
durch Gemüsemais (aus der Dose) ersetzt wird.

Garnitur

Obenauf mit gehackter
Petersilie bestreuen.

Zutaten

1000 g	Kartoffeln
	Salz
	Kümmelkörner
	Salz
	Pfeffer
	Essig
2	gewürfelte Zwiebeln
	Öl

Zubereitung

Die Kartoffeln gut waschen, mit Salz und Kümmelkörner kochen, etwas abkühlen lassen, schälen und in Scheiben schneiden.
Die Zwiebeln unterheben, mit Salz, Pfeffer, Essig und Öl würzen.

Tip

Es empfiehlt sich die Verwendung von sogenannten Salatkartoffeln. Mehlige Sorten sind meist ungeeignet.

Garnitur

Nach dem Anrichten gehackte Petersilie auf den Salat streuen.

Zutaten

750 g	Salatkartoffeln, Salz
500 g	Sauerkraut
1/4 l	herben Weißwein
2	saure Äpfel
2 EL	Schweineschmalz
2	feingewürfelte Zwiebeln
2	feingehackte Knoblauchzehen
1 EL	Zucker
1 TL	Salz
2	Lorbeerblätter
	Essig, Öl
250 g	geräucherte Mettwürste

Zubereitung

Die Kartoffeln waschen und mit Salz kochen. Anschließend etwas abkühlen lassen, schälen und in Scheiben schneiden. Äpfel schälen, vierteln, das Kerngehäuse entfernen und in Scheiben schneiden. Schmalz erhitzen, darin Zwiebeln, Äpfel und Knoblauch glasig werden lassen. Loorbeerblätter zugeben und mit Wein ablöschen. Das Kraut zugeben, mit Salz und Zucker würzen und auf kleiner Flamme 30 Minuten kochen. Anschließend gut auskühlen lassen, Würste in dünne Scheiben schneiden. Kartoffeln, Sauerkraut und Wurstscheiben mischen und eventuell nochmals abschmecken. Das Öl zugeben.

Tip

Dieses Gericht kann auch mit gewürfeltem Schinken oder gewürfeltem und gebratenem Speck zubereitet werden.

Garnitur

Salat mit geschnittenen Frühlingszwiebeln bestreuen, mit Wurstscheiben belegen.

Kartoffelsalat »Englische Art«

Zutaten

500 g	kleine Salatkartoffeln
	Salz
300 g	frischen Stangensellerie
1/2 l	Wasser
etwas	Zucker
1 Glas	trockenen Weißwein
200 g	Mixed Pickles (Essigfrüchte)
	Pfeffer
1 EL.	mittelscharfen Senf
1 TL	Zucker
1 TL	Worcestershire Sauce
2 EL	weißen Essig
1 Bund	gehackte Petersilie
3 EL	Rosinen
2 EL	Öl

Zubereitung

Die Kartoffeln als Pellkartoffeln
in leichtem Salzwasser garen,
schälen, abkühlen lassen und in
dünne Scheiben schneiden.
Den Sellerie waschen und ebenfalls
in dünne Scheiben schneiden.
Wasser, Zucker, Wein und Salz
zum Kochen bringen und darin
den Sellerie blanchieren.
Abgießen, 1/4 l des Gemüsefonds
zurückbehalten und auskühlen lassen.
Diesen in eine große Schüssel geben
und mit Senf, 1/2 Bund gehackter Petersilie,
Worcestershire Sauce, sowie Essig vermischen.
Nun die Kartoffeln, die abgegossenen Mixed-
Pickles und den Sellerie zugeben. Den Salat
vorsichtig durcharbeiten. Erst zum Schluss
Rosinen und Öl unterheben.

Tip

Lieber 2 oder 3 kleine Gläser Mixed Pickles
kaufen, da die dort eingelegten Essig-
gemüse gleich die richtige Größe für den
Salat haben.

Garnitur

Etwas mehr Stangensellerie
kaufen, diesen in dünne
Stücke von ca. 5 cm Länge
schneiden und nach dem
Anrichten kreisförmig am
Schüsselrand in den Salat
stecken. In die Mitte gehackte
Petersilie streuen.

Kartoffelsalat »Gärtnerinnen Art«

Zutaten

500 g	Salatkartoffeln
	Salz
1 Bund	Radieschen
1 Schachtel	Brunnenkresse
1 Bund	Schnittlauch
3–4	Tomaten
2	rote, feingeschnittene Zwiebeln
	Salz
	Pfeffer
	Essig
	Öl

Zubereitung

Die Kartoffeln waschen und mit Salz als Pellkartoffeln kochen. Anschließend schälen, in Würfel von ca. 2 cm Kantenlänge schneiden und auskühlen lassen.
Die Radieschen waschen und fein hobeln. Tomaten abziehen und ohne Kerngehäuse in grobe Würfel schneiden. Kartoffeln mit Salz, Pfeffer und Essig vorwürzen. Radieschen, geschnittenen Schnittlauch, Tomaten sowie gewaschene, verlesene und geschnittene Brunnenkresse unterheben. Nochmals mit Salz, Pfeffer und Essig abschmecken. Das Öl zugeben.

Tip

Tomaten abziehen: Den Stielansatz mit einem scharfen Messer herausschneiden, die Tomate auf der Hinterseite kreuzförmig einritzen und kurz in kochendes Wasser geben, bis die Haut aufplatzt. Anschließend ins kalte Wasser legen. So kann man problemlos mit dem Daumen die Haut abstreifen.

Garnitur

Von Radieschen, Kresse sowie Tomaten etwas zurückbehalten und damit den Salat garnieren.

Zutaten

600 g	Salatkartoffeln
	Salz
4 Stück	Matjesfilet
250 g	grüne Bohnen aus der Dose (Abtropfgewicht)
2	feingeschnittene Zwiebeln
	Salz, Pfeffer
1/2 Bund	gehackten Dill
	Essig, Öl

Für die Garnitur:
- 4 kleine Dillsträußchen
- 8 kleine Bohnen
- 1/2 grobgehackte Zwiebel

Zubereitung

Kartoffeln waschen, schälen mit Salz kochen, in Scheiben geschnitten auskühlen lassen. Die Matjesfilets ca. 20 Minuten in kaltes Wasser legen, gut abtrocknen und in dünne Streifen schneiden. Die Bohnen auf einem Sieb abtropfen lassen. Kartoffeln, Bohnen, Matjes, sowie Zwiebeln mischen. Mit Pfeffer und Essig würzen, Dill und Öl zugeben.

Tip

Salz erst zugeben, wenn der Salat etwa 1 Stunde im Kühlschrank durchgezogen hat.

Garnitur

Kleine Dillsträußchen abwechselnd zusammen mit einzelnen Bohnen und grobgehackten Zwiebeln ringförmig auf dem Salat anordnen.

Zutaten

300 g	Salatkartoffeln
	Salz
200 g	gekochte verschiedenfarbige Nudelräder
1	feingewürfelte Zwiebel
150 g	Mischgemüse aus der Dose
1	kleine feingewürfelte Zucchini
1	kleine feingewürfelte, rote Paprikaschote
	Salz, Pfeffer
	Essig, Öl

Zubereitung

Kartoffeln schälen, in zentimetergroße Würfel schneiden, in kochendem Salzwasser ca. 3–4 Minuten blanchieren und auskühlen lassen. Mit Nudeln, Zwiebel, dem gut abgetropften Mischgemüse sowie Zucchini und Paprika mischen. Mit Salz, Pfeffer, Essig und Öl abschmecken.

Tip

Mischungen aus verschieden farbigen Nudeln gibt es in vielen Sorten zu kaufen. Sie sollten aber möglichst nicht größer als die Kartoffelwürfel sein. Um den Geschmack zu verbessern, gekochte Nudeln mit Salz, Pfeffer und Essig vorwürzen und 1 Stunde im Kühlschrank ziehen lassen.

Garnitur

Nach dem Anrichten Schüsselrand mit Streifen von Zucchini (auch Gewürzgurke), Tomaten und gekochtem Eiweiß auslegen. Den Dotter hacken und in die Mitte streuen.

Kartoffel-Heringssalat »Hausfrauen Art«

Zutaten

750 g	Salatkartoffeln
	Salz
	Kümmelkörner
4	Matjesfilets
2	saure Äpfel
3–4	Essiggurken
5 EL	Mayonnaise
400 g	saure Sahne
3	Zwiebeln
1 Bund	gehackten Dill
	Salz
	Pfeffer
	Zucker
	Essig
	Öl

Zubereitung

Die Kartoffeln mit Salz und Kümmel als Pellkartoffeln kochen, schälen, abkühlen lassen und schließlich in halbe Scheiben schneiden. Die Matjesfilets in dünne Streifen, die Gurken in dünne Scheiben schneiden. Die Zwiebeln der Länge nach vierteln und dann quer zur Wuchsrichtung ebenfalls in dünne Scheiben schneiden. Kartoffeln, Matjes, Gurken Zwiebeln und Dill mischen. Mit Mayonnaise und Sahne binden, sowie durch Zugabe von Salz, Pfeffer, Zucker und Essig würzen. Das Öl erst zum Schluss unterheben.

Tip

Würziger schmeckt der Salat, wenn man an Stelle von Essig zurückgehaltenes Gurkenwasser verwendet.

Garnitur

Zwielringe, Kapern Gurkenfächer und Dillsträußchen

Zutaten

1000 g	Salatkartoffeln
	Salz
250 g	fetten (grünen) Speck
2	feingeschnittene Zwiebeln
	Öl
	Salz
	weißen Pfeffer
1/2 Tasse	Essig

Zubereitung

Die Kartoffeln waschen, mit Salz als Pellkartoffeln kochen und in Scheiben
schneiden. Den Speck würfeln, in der
Pfanne gut ausbraten und auf einem Sieb
abtropfen lassen. Zwiebeln mit wenig Öl
glasig werden lassen und mit Essig
ablöschen. Nach dem Aufkochen
zusammen mit den Speckgrieben unter
die Kartoffeln mischen. Mit Salz und
Pfeffer würzen. Etwas Öl zugeben.

Tip

Nicht das Bratfett vom Speck verwenden,
da sonst der Salat tranig schmecken
kann.

Garnitur

1 Paar Frankfurter (oder Wiener)
1 EL trockene Speckrüben
1 EL gehackte Petersilie

Zutaten

1 kg	kleine Salatkartoffeln
	Salz
	Kümmel

Für die grüne Soße:

300 g	saure Sahne
2	Kaffeetassen feingehackter Kräuter bestehend aus: Sauerampfer, Pimpernelle, Borretsch, Petersilie, Brunnen-kresse, Kerbel, Schnittlauch
3	hartgekochte, gehackte Eier
3	feingehackte Gewürzgurken
	Salz
etwas	Zucker
	Pfeffer
	Essig, Öl

Zubereitung

Die Kartoffeln waschen, mit Salz und Kümmel kochen. Anschließend schälen, etwas
abkühlen lassen in Scheiben schneiden.
Aus Sahne, Kräutern, Gurken, Gewürzen,
sowie Essig und Öl die grüne Soße zubereiten. Die Kartoffelscheiben unterheben
und abgedeckt 1 Stunde im Kühlschrank
ziehen lassen. Vor dem Anrichten mit einer
Fleischgabel vorsichtig auflockern.

Tip

Die „Grüne Soße" allein schmeckt auch
besonders gut zu gekochtem
Ochsenfleisch oder einfach nur zu
gekochten Eiern oder Pellkartoffeln.

Garnitur

Den Salat obenauf mit Petersilienblättern,
Gurkenfächer und Eischeiben belegen.

Zutaten

500 g	Salatkartoffeln
	Salz
250 g	Goudakäse
250 g	kleine Broccoliröschen
3/4 l	Wasser
etwas	Zitronensaft
etwas	Zucker
2	Matjesfilets
2 EL	Kapern
1 Bund	gehackte Petersilie
1	feingeschnittene Zwiebel
1/4 l	Wasser
	Pfeffer
2 EL	Essig
	Öl

Zubereitung

Die Kartoffeln als Pellkartoffeln mit Salz kochen, schälen, abkühlen lassen und in halbe Scheiben schneiden. Wasser, Salz, Ztronensaft und Zucker zum Kochen bringen und darin den Broccoli blanchieren.
Anschließend abgießen und auskühlen lassen. Die Matjesfilets in dünne Streifen schneiden. Den Goudakäse schneidet man in kleine Würfel. Nun Käse, Kartoffeln, Fisch und Broccoli in einer Schüssel mischen.
Aus Petersilie, Zwiebeln, Kapern, Wasser, Pfeffer, Salz sowie Essig einen Dressing zubereiten und diesen unter den Salat mischen. Anschließend das Öl zugeben.

Tip

Man kann auch Broccoli aus der Tiefkühltruhe verwenden. Diesen in gefrorenem Zustand in gleicher Weise blanchieren, aber sofort nach dem ersten Aufkochen mit reichlich kaltem Wasser auf einem Sieb abspülen.

Garnitur

Obenauf mit kleinen Broccoli-röschen, sowie feinen Würfeln von Gouda-Käse garnieren.

Kartoffel-Krautsalat »Ismaninger Art«

Zutaten

500 g	Salatkartoffeln
	Salz
500 g	feingeschnittenes Weißkraut
2 EL	Öl
250 g	geräucherten, durchwachsenen Speck
2	feingeschnittene Zwiebeln
1 EL	Kümmelkörner
1/4 l	kochende Fleisch -oder Instantbrühe
	Salz
	Pfeffer
1 Bund	gehackte Petersilie

Für die Garnitur:

1 EL	gebratene Speckwürfel
1 EL	gehackte Petersilie
1 TL	Kümmelkörner
6	kleine Radieschen in Scheiben

Zubereitung

Die Kartoffeln als Pellkartoffeln mit Salz kochen, schälen, auskühlen lassen und in Scheiben schneiden. Den Speck mit Öl in einer Pfanne knusprig braten, Zwiebeln und Kümmel zugeben und etwa 5 Minuten mitbraten. Das Kraut in einer Schüssel mit Salz und Pfeffer würzen, Speck und Zwiebeln zugeben und mit der kochenden Fleischbrühe übergießen, kurz durchmischen und zugedeckt auskühlen lassen. Anschließend mit den Kartoffeln mischen, mit Salz, Pfeffer und Essig abschmecken. Die Petersilie zum Schluss unterheben.

Tip

Der Salat kann auch warm zu Schweinebraten gegessen werden. Dann aber zuerst das Kraut zubereiten und die heißen Pellkartoffeln sofort schälen und in Scheiben geschnitten unter das abgebrühte Kraut mischen. Am allerbesten jedoch schmeckt er gleich im Frühjahr, wenn das erste frische, noch grüne Kraut auf den Markt kommt.

Garnitur

Mit Speckwürfel, gehackter Petersilie und wenigen Kümmelkörnern bestreuen. Einen Rand aus Radieschenscheiben legen.

Zutaten

400 g	Salatkartoffeln
	Salz
200 g	Rinderhüftsteak
	Salz, Pfeffer, Thymian
1 EL	Öl
150 g	geräucherten, durchwachsenen Speck
1	feingeschnittenen Zwiebel
1	feingehackte Knoblauchzehe
150 g	kleine Champignonköpfe aus der Dose
150 g	Pfifferlinge aus der Dose
1 Bund	feingehackte Petersilie

Zubereitung

Kartoffeln schälen, in zentimetergroße Würfel schneiden, in kochemdem Salzwasser 3–4 Minuten blanchieren, auf ein Sieb gießen und gut auskühlen lassen. Hüftsteak mit Salz, Pfeffer und Thymian würzen und in heißem Öl beidseitig so in der Pfanne anbraten, dass es in der Mitte noch rosa ist. Anschließend zur Seite stellen. Im verbleibenden Bratfett feingewürfelten Speck knusprig braten, Zwiebeln und Knoblauch zugeben und kurz anschwitzen. Anschließend auskühlen lassen. Champignons und Pfifferlinge gut abtropfen lassen. Das Hüftsteak in kleine Würfel schneiden. Kartoffeln, Speck und Zwiebeln, Pilze, Hüftsteak und Petersilie mischen. Mit Salz, Pfeffer und Essig abschmecken. Das Öl unterziehen.

Tip

Anstelle von Hüftsteak eignen sich auch Rinderlende oder Rinderfilet, Hirsch- oder Rehsteak.

Garnitur

Angerichteten Kartoffelsalat mit gebratenen Speckwürfeln und gehackter Petersilie besteuen.

Zutaten

750 g	kleine Salatkartoffeln
	Salz
4	halbe Pfirsiche aus der Dose
200 g	frischen Stangensellerie
4 EL	Mayonnaise
200 g	Magerjoghurt
50 g	Pinienkerne
	Salz, Pfeffer
etwas	weißen Essig

Zubereitung

Die Kartoffeln schälen, in Würfel von etwa
1,5 cm Kantenlänge schneiden und in leichtem
Salzwasser noch mit Biss garen.
Anschließend auf ein Sieb gießen und aus-
kühlen lassen. Die Pfirsiche in gleiche Größe
schneiden. Den Sellerie waschen, in kleine
Würfel schneiden, kurz blanchieren und
ebenfalls auskühlen lassen. Aus Mayonnaise,
Joghurt, Salz, Pfeffer, Essig und den gehackten
Pinienkernen einen Dressing zubereiten.
Pfirsiche, Kartoffeln und Sellerie dazu geben
und den Salat etwa 1 Stunde abgedeckt im
Kühlschrank ziehen lassen.

Tip

Wer den Salat etwas kalorienreicher mag, der
kann zuerst die Pinienkerne mit 2 EL Erdnussöl
mischen und über Nacht ziehen lassen. Diese
Mischung zum Schluss dem Salat zugeben.

Garnitur

Nach dem Anrichten den Salat
mit Pfirsichspalten, halben
Erdbeeren und gehackten
Pinienkernen garnieren.

Kartoffel-Artischockensalat

Zutaten

750 g	Salatkartoffeln	
	Salz	
250 g	Artischockenherzen aus dem Glas	
2	frische rote Paprikaschoten	
2	feingewürfelte Zwiebeln	
1	feingehackte Knoblauchzehe	
	Pfeffer	
	Salz	
etwas	Zucker	
2 EL	weißen Essig	
3 EL	Olivenöl	

Zubereitung

Die Kartoffeln schälen, in Würfel von etwa
2 cm Kantenlänge schneiden und in leichtem
Salzwasser garen. Anschließend auf ein Sieb
schütten und auskühlen lassen.
Die Artischockenherzen ebenfalls auf ein Sieb
geben, aber den Fond auffangen. Die Herzen
in der Mitte halbieren. Den Paprika waschen
und in kleinere Würfel schneiden.
Die Fond mit Salz, Pfeffer, Zucker sowie Essig
und Knoblauch abschmecken.
Kartoffeln, Paprika und Artischocken
dazugeben und vorsichtig vermischen.
Zum Schluss das Öl zugeben.

Tip

Keine Paprikaschoten aus Glas oder Dose
verwenden, da diese meist zu weich sind und
den Salat auch verfärben können.

Garnitur

1 frische Artischocke kaufen
und diese in Wasser mit Salz,
Zucker und Zitrone kochen.
Anschließend die Blätter
abzupfen und damit den
Schüsselrand zusammen mit
kleinen Paprikawürfeln
garnieren.

»Cocktailtomaten«   »mit Endivien«

Zutaten

500 g	kleine Salatkartoffeln
	Salz
500 g	Cocktailtomaten
3	rote, gewürfelte Zwiebeln
1/4 l	Wasser
1/2 Glas	herben Weißwein
1	Lorbeerblatt
3 EL	Essig
1 TL	Zucker
1 Schachtel	Brunnenkresse
4 EL	Olivenöl

Zubereitung

Die Kartoffeln waschen und mit etwas Salz als Pellkartoffeln kochen. Anschließend schälen, auskühlen lassen und in nicht zu dünne Scheiben schneiden. Zwiebeln untermischen. Wasser, Wein, Lorbeerblatt, Essig und Zucker aufkochen und auskühlen lassen. Die Tomaten halbieren und zusammen mit dem Sud unter die Kartoffeln mischen. Brunnenkresse verlesen. waschen und unterheben. Mit Olivenöl vollenden.

Tip

Die Tomaten sollten frisch und fest sein, sonst sieht der Salat unansehnlich aus. Dosenware ist nicht geeignet.

Garnitur

Nach dem Anrichten mit halben Cocktailtomaten, Zwiebelringen und Petersiliensträußchen belegen.

Zutaten

600 g	Salatkartoffeln
	Salz
	je nach Größe
1/8 bis 1/4	Kopf Endiviensalat
2	feingeschnittene Zwiebeln
	Salz
	weißen Pfeffer
	Essig, Öl

Für die Garnitur:
6–8	dünne Endiviensalatstreifen
1	gekochtes, gehacktes Ei

Zubereitung

Die Kartoffeln waschen und mit Salz als Pellkartoffeln kochen. Die geschälten Kartoffeln schneiden. Den Endiviensalat putzen, der Länge nach teilen und mit einem scharfen Messer in dünne Streifen schneiden. Gründlich waschen und gut abgetropft zusammen mit den Zwiebeln unter die noch warmen Kartoffelscheiben mischen. Mit Salz, Pfeffer, Essig und Öl abschmecken.

Tip

Den Salat in lauwarmen Wasser waschen, beseitigt evtl. vorhandene Bitterstoffe.

Garnitur

Streifen vom Endiviensalat zusammen mit gekochtem, gehacktem Ei über den Salat streuen.

Zutaten

750 g	Salatkartoffeln
	Salz
1 Tasse	heiße Fleisch- oder
	Instantbrühe
150 g	Feldsalat
	Salz
	Pfeffer
	Essig
2	feingeschnittene Zwiebeln
1 Bund	Schnittlauch
	Öl

Zubereitung

Die Kartoffeln waschen und mit Salz als Pellkartoffeln kochen. Anschließend schälen und in Scheiben schneiden. Den Feldsalat gut verlesen, gründlich waschen und auf einem Sieb abtropfen lassen. Die Kartoffeln mit Salz, Pfeffer, sowie Essig würzen, die Zwiebeln zugeben und mit heißer Brühe begießen. Vorsichtig durchmischen. Schließlich Feldsalat und geschnittenen Schnittlauch unterheben. Mit Öl vollenden.

Tip

Wird der Salat mehrere Stunden vor dem Essen zubereitet und im Kühlschrank kalt gestellt, kurz vor dem Anrichten mit einer Gabel auflockern.

Garnitur

Blätter von Feldsalat und gewürfelte Tomaten.

Kartoffelsalat mit Frühlingszwiebeln

Zutaten

750 g	Salatkartoffeln
	Salz
100 g	Cornichons
2 Bund	Frühlingszwiebeln
1/8 Stange	Lauch, feingewürfelt
200 g	saure Sahne
2 Msp.	Safran
1 Msp.	Curry
	Salz, Pfeffer
	Essig, Öl

Für die Garnitur:

1	Tomate in Achtel geschnitten
2 EL	Zwiebelringe
3 EL	Silberzwiebeln

Zubereitung

Kartoffeln schälen, der Länge nach vierteln
und in Salzwasser garen. Kurz abkühlen
lassen und in Scheiben schneiden.
Die Cornichons in dünne Scheiben und die
Frühlingszwiebeln zusammen mit dem Grün in
Ringe schneiden. Cornichons, Zwiebeln und
Lauch unter die Kartoffeln mischen.
Aus Sahne, Safran, Curry, Salz und Pfeffer eine
Marinade zubereiten und damit den Salat
binden. Mit Essig abschmecken und das Öl
zugeben. Abgedeckt 2 Stunden im Kühlschrank
ruhen lassen.

Tip

Die am Lauch befindlichen Zwiebeln fein
hacken und zusammen mit Knoblauch und
anderen Zwiebeln im Öl anschwitzen.

Garnitur

Auf dem Salat einen Stern aus
Tomatenachteln und Ringen
von Zwiebellauch legen.

Kartoffelsalat in Kräutermayonnaise

Zutaten

1 kg	kleine Salatkartoffeln
	Salz
6 EL	Mayonnaise
100 g	süße Sahne
1 Bund	Schnittlauch
1 Bund	Petersilie
1/2 Bund	Dill
1	feingehackte Knoblauchzehe
	Salz
	Pfeffer
etwas	Zucker
1 EL	Zitronensaft
2	Sardellenfilets
2	Gewürzgurken

Zubereitung

Die Kartoffeln als Pellkartoffeln in leichtem Salzwasser garen, schälen und abkühlen lassen. Anschließend in Scheiben schneiden. Aus Mayonnaise, Sahne, den gehackten Kräutern, Knoblauch, Salz, Pfeffer, Zucker sowie Zitronensaft einen Dressing zubereiten. Sardellenfilets und Gewürzgurken miteinander fein hacken und zugeben. Nun erst die Kartoffeln unterheben. Den Salat abgedeckt 1 Stunde im Kühlschrank ziehen lassen.

Tip

Anstelle von Sardellenfilets kann man ebenso gut auch Sardellenpaste verarbeiten.

Garnitur

Nach dem Anrichten obenauf mit gehackten Kräutern bestreuen. Auch Eierscheiben machen sich sehr dekorativ.

Kartoffel-Eiersalat mit Kressedressing

Zutaten

500 g	Salatkartoffeln
	Salz
6	hartgekochte Eier
Schachteln	Brunnenkresse
	Salz
	weißer Pfeffer
	Zucker
1 EL	mittelscharfen Senf
	Essig
	Öl
500 g	einfacher Joghurt
200 g	süße Sahne

Zubereitung

Die Kartoffeln schälen, mit Salz kochen,
auskühlen lassen und in Scheiben schneiden.
Die Brunnenkresse abschneiden, gründlich waschen und mit Joghurt, Sahne, Pfeffer,
Salz, etwas Zucker, sowie Senf, Essig und
Öl in einer Schüssel mischen. Den Boden
einer großen Glasschüssel zunächst mit einer
Lage Kartoffelscheiben auslegen. Diese dünn
mit der Salatsoße bestreichen. Dann folgt eine
Lage Eierscheiben, auch diese wieder mit
Salatsoße bestreichen. Dann erneut
Kartoffelscheiben usw. So weiterarbeiten, bis
alles verbraucht ist. Der so geschichtete Salat
sollte obenauf mit Salatsoße enden und
mindestens 2–3 Stunden im Kühlschrank
durchziehen.

Tip

Die zarten Blattknospen der Brunnenkresse
lassen sich am besten mit einer Haushaltsschere
abschneiden. Achten Sie darauf, dass die
Kartoffeln nicht zu weich gekocht werden.
Dann lassen sich die Scheiben besser schlichten.

Garnitur

Obenauf mit gehacktem Ei
und Kresse bestreuen.

Kartoffelsalat mit Mozzarella

Zutaten

500 g	Salatkartoffeln
	Salz
1 Bund	Rucola
300 g	Mozzarella
1/8 l	Wasser
4 EL	Balsamico Essig
	Pfeffer
1	Knoblauchzehe, feingehackt
1	rote, Zwiebel feingewürfelt
4 EL	Olivenöl

Zubereitung

Die Kartoffeln als Pellkartoffeln kochen, schälen, etwas abkühlen und in Scheiben schneiden. Den Rucola waschen und in dünne Streifen schneiden. Kartoffeln und Rucola mischen. Den Käse würfeln und zunächst mit einem Dressing aus Wasser, Essig, Zwiebeln, Knoblauch, Salz und Pfeffer marinieren und abgedeckt 1 Stunde im Kühlschrank ziehen lassen. Anschließend ebenfalls unter die Kartoffeln geben. Mit Salz, Pfeffer nachschmecken und mit dem Olivenöl vollenden.

Tip

Den Käse bereits am Vortag marinieren. Dann schmeckt der Salat besonders herzhaft.

Garnitur

Obenauf mit Ringen von roter Zwiebel, Blattspitzen des Rucola sowie Blättern von frischem Basilikum belegen.

Zutaten

750 g	Salatkartoffeln
	Salz
150 g	Crème fraîche
	Salz, Pfeffer
2 cl	Weinbrand oder Cognac
1 EL	Tomatenketchup
150 g	Räucherlachs
50 g	feingewürfelte Scharlotten
100 g	feingewürfelte Salatgurke
	mit Schale
1 Bund	feingehackte Dillspitzen
100 g	Forellenkaviar
	Essig
	Öl

Zubereitung

Die Kartoffeln schälen, der Länge nach
vierteln, in Salzwasser nicht zu weich kochen,
etwas abkühlen lassen und in Scheiben
schneiden.
Aus Crème fraîche, Salz, Pfeffer, Weinbrand,
und Ketchup einen Dressing mischen und
damit die Kartoffeln marinieren. Lachs in
Blättchen schneiden und zusammen mit
Scharlotten, Gurke, Dill und Kaviar dem Salat
zugeben. Vorsichtig mit Essig abschmecken,
mit Öl vollenden.

Tip

Gekochte, geschnittene Kartoffeln vor
Weiterverarbeitung auf einem Backblech
gänzlich auskühlen lassen. Sind diese noch
zu heiß, kann die Marinade gerinnen und
der Lachs wird grau.

Garnitur

Obenauf mit Achteln von
gekochtem Ei, Forellenkaviar
und Dillspitzen belegen.

Kartoffelsalat mit Senf

Zutaten

1000 g	Salatkartoffeln
	Salz
	Pfeffer
2	feingewürfelte Zwiebeln
1/4 Tasse	Essig
1/2 TL	Zucker
1 Bund	gehackten Dill
2 EL	mittelscharfen Senf
2	Gewürzgurken, feingehackt
3 EL	kaltes Öl

Zubereitung

Die Kartoffeln waschen, in leichtem Salzwasser kochen, etwas auskühlen lassen und schälen. Zwiebeln, Pfeffer, etwas Salz, Senf, sowie Zucker, Gewürzgurken und Öl mit einem Schneebesen in einer großen Schüssel verrühren. Dort hinein die Kartoffeln in Scheiben schneiden. Durchmischen und ca. 1 Stunde abgedeckt im Kühlschrank ziehen lassen.

Tip

Das Öl vor Gebrauch 1 Stunde in den Gefrierschrank geben, dann gerinnt es nicht beim Mischen mit anderen Zutaten.

Garnitur

Nach dem Anrichten den Schüsselrand mit kleinen Gurkenfächern auslegen. Die Mitte mit halbierten Silberzwiebeln und Dillspitzen garnieren.

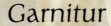

Kartoffelsalat mit frischem Spargel

Zutaten

500 g	Salatkartoffeln
	Salz
700 g	frischer Spargel
1 l	Wasser
1 TL	Salz
2 TL	Zucker
	Saft von 1 Zitrone
40 g	Butter
1 Schachtel	Kapuzinerkresse
	Essig
	Öl

Zubereitung

Kartoffeln mit Salz als Pellkartoffeln kochen, schälen und auskühlen lassen. Anschließend in Würfel von etwa 2 cm Kantenlänge schneiden. Wasser, Zucker, Salz, Zitrone und Butter zum Kochen bringen. In der Zwischenzeit den Spargel schälen und in den kochenden Sud einlegen. Ca. 20 bis 25 Minuten garen. Anschließend herausnehmen und auskühlen lassen. Den kalten Spargel in Stücke von ca. 2 cm Länge schneiden und mit den Kartoffeln vermischen. die abgezupften Blätter der Kresse waschen und ebenfalls unter die Kartoffeln mischen.
Aus 1/4 l kaltem Spargelfond, Essig und Öl einen Dressing zubereiten und diesen unter den Salat heben.

Tip

Den Spargel bereits am Vortag zubereiten, im Spargelwasser auskühlen lassen und erst am nächsten Tag für den Salat schneiden. Dieses verstärkt wesentlich den Geschmack des Salates. Reizvoll ist auch eine Mischung aus je zur Hälfte von weißem und grünem Spargel.

Garnitur

8 Spargelspitzen von etwa 5 cm Länge zurückbehalten. Diese in feingehackter Petersilie wälzen und stern-förmig obenauf als Garnitur legen. Die Mitte z.B. mit einem Tomatenstern garnieren.

Gelegter Kartoffelsalat mit Speck

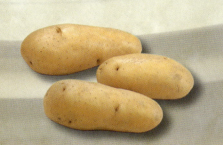

Zutaten

750 g	kleine Salatkartoffeln
	Salz
	Kümmelkörner
3 EL	Öl
300 g	durchwachsenen, geräucherten Speck
2	gewürfelte Zwiebeln
2 Bund	Schnittlauch

Für den Dressing:

1/4 l	Wasser
3 EL	weißen Essig
1/2 TL	Salz
1 TL	Zucker
3 EL	Öl

Zubereitung

Die Kartoffeln waschen und als Pellkartoffeln mit Salz und Kümmel nicht zu weich kochen. Anschließend etwas abkühlen lassen und schälen. Die Kartoffeln schneiden und schindelartig auf eine große Platte (z.B. Kuchenplatte) ringförmig von außen nach innen auflegen. Den Speck in kleine Würfel schneiden, in der Pfanne mit Öl knusprig braten und auf einem Sieb abtropfen lassen. Den Schnittlauch fein schneiden.

Aus den aufgeführten Zutaten einen Dressing mischen. Die Kartoffeln zuerst mit den Zwiebeln bestreuen, dann mit dem Dressing tränken. Die Speckwürfel darüber verteilen und zu guter Letzt mit Schnittlauch bestreuen. Die Platte gut abdecken und etwa 1 Stunde im Kühlschrank ziehen lassen.

Tip

Wird fetter Speck (grüner oder auch Spickspeck) verwendet, so muss man etwa 1/3 mehr rechnen, da dieser beim Braten mehr Fett verliert als durchwachsener Speck.

Garnitur

nicht notwendig

Kartoffelsalat »nach Nizza Art«

Zutaten

500 g	Salzkartoffeln
	Salz
1	grobgewürfelte Zwiebel
2	gewürfelte Tomaten
	ohne Kerngehäuse
250 g	Tunfisch
3	Sardellenfilets
6 EL	schwarze Oliven ohne Stein
	Salz, Pfeffer
	Essig
3	hartgekochte Eier

Zubereitung

Die Kartoffeln schälen, in Würfel von
etwa 2 cm Kantenlänge schneiden und in
leichtem Salzwasser etwa 5 Minuten
blanchieren. Anschließend auf ein Sieb gießen
und auskühlen lassen. Die Sardellenfilets in
Streifen quer zum Filet schneiden.
Den Tunfisch mit einer Gabel grob zerpflücken.
Tomaten, Zwiebel, Tunfisch, Sardellen und
Oliven vermischen und mit Essig, Salz und
Pfeffer marinieren. Im Kühlschrank abgedeckt
1 Stunde ziehen lassen. Danach Kartoffeln
unterheben und das Öl zugeben.
Die Eier schälen, grob würfeln und vorsichtig
unterheben.

Tip

Die Kartoffelwürfel bereits am Vortag
zubereiten. So zerfallen sie nicht beim
Untermischen und der Salat sieht
dekorativer aus.

Garnitur

Spalten von Tomaten und
Eiern sowie Petersilien-
sträußchen.

Kartoffelsalat »Norwegische Art«

Zutaten

400 g	mehlige Kartoffeln
	Salz
100 g	echter Räucherlachs
100 g	Shrimps aus der Lake
2 EL	kleine Kapern
8	Sardellenfilets
1/2 Bd.	frischen, gehackten Dill
200 g	saure Sahne
	weißen Pfeffer
2	hartgekochte, gehackte Eier
etwas	Salz
etwas	Essig
12 Scheiben	Knäckebrot

Zubereitung

Die Kartoffeln schälen, in kleine Würfel schneiden, in leichtem Salzwasser garen und auf einem Sieb abtropfen und auskühlen lassen. Shrimps ebenfalls abtropfen lassen. Den Lachs in kleine Würfel schneiden. Kartoffeln, Lachs, Kapern, Eier, Shrimps sowie Dill mischen, mit Sahne binden und mit Salz, Pfeffer und Essig abschmecken. Anschließend abgedeckt 1–2 Stunden im Kühlschrank ziehen lassen. Dabei soll er eine feste Konsistenz erhalten. Anschließend den Salat dick auf die Knäckebrotscheiben häufeln.

Tip

Die Sardellenfilets vor dem Schneiden vorsichtig mit einem Essmesser glatt streichen, so lassen sie sich besser schneiden.

Garnitur

Die Sardellenfilets der Länge nach in dünne Streifen schneiden. Damit ein Gitter auf dem Salat legen. Obenauf zusätzlich noch mit Eischeibe und Dillsträußchen garnieren.

Zutaten

750 g	Salatkartoffeln
1 kl. Glas	Rote Rüben
2	saure Äpfel
2	feingewürfelte Zwiebel
4	saure Heringe (Rollmöpse)
	Zucker
	Salz
	Pfeffer
wenig	Essig
	Öl

Zubereitung

Die Kartoffeln mit Salz als Pellkartoffeln
kochen, schälen, abkühlen lassen und in Würfel
schneiden. Rote Rüben auf einem Sieb abtropfen
lassen und anschließend in Plättchen schneiden.
Die Äpfel schälen, vom Kerngehäuse befreien
und ebenfalls in Plättchen schneiden.
Die Heringe würfeln, Fisch, Zwiebeln und Äpfel
mischen, mit Salz, Zucker, Pfeffer sowie Essig
marinieren und ca. 30 Minuten im Kühlschrank
ziehen lassen. Erst dann die Kartoffeln
unterheben und nochmals nachwürzen.
Das Öl erst zum Schluss zugeben.

Tip

Durch Probieren der Heringe den
Salzgehalt feststellen, um den Salat
nicht zu überwürzen.

Garnitur

Mit Zwiebelringen belegen,
mit Petersiliensträußchen
garnieren.

Kartoffelsalat »Pariser Art«

Zutaten

750 g	kleine Salatkartoffeln
	Salz
200 g	roher Schinken
250 g	abgetropfte Erbsen
	aus der Dose
1 Bund	gehackte Petersilie
2	feingewürfelte Zwiebeln
1/8 l	warme Fleisch oder
	Instantbrühe
	Pfeffer, Salz
	Essig, Öl
150 g	Crème Fraîche
100 g	süße Sahne
	Salz, Pfeffer
2 cl	Cognac oder Weinbrand
1/2 TL	Worcestershire Sauce

Zubereitung

Die Kartoffeln waschen und mit Salz als Pellkartoffeln kochen. Anschließend etwas auskühlen lassen, schälen und in halbe Scheiben schneiden.
Nun die Zwiebeln, die Fleischbrühe, den feingewürfelten, rohen Schinken und die Erbsen zugeben. Mit Salz, Pfeffer und Essig würzen und schließlich das Öl unterziehen. Den Salat in einer Schüssel anrichten und im Kühlschrank 1 Stunde abgedeckt ziehen lassen.

Aus Crème fraîche, Sahne, Salz, Pfeffer, sowie Cognac und Worcestershire Sauce einen Dressing zubereiten. Damit, ähnlich wie mit einem Tortenguss den Salat überziehen und erneut 1–2 Stunden zugedeckt im Kühlschrank ziehen lassen.

Tip

Möchten Sie gefrorene Erbsen verwenden, so müssen diese vorher blanchiert werden und nach dem Abschrecken mit kaltem Wasser mit etwas Salz, Zucker und Essig vorgewürzt werden.

Garnitur

Den Salat obenauf am Schüsselrand mit Scheiben von hartgekochten Eiern auslegen.
Die Mitte mit gehackter Petersilie bestreuen.

Kartoffel-Shrimpssalat »Prinzess«

Zutaten

500 g	Salatkartoffeln
	Salz
300 g	Shrimps aus der Lake
1 mittl. Dose	Champignons
1 mittl. Dose	Stangenspargel

Für den Dressing:

6 EL	Mayonnaise
4 EL	Tomatenketchup
1 EL	Tomatenmark
150 g	Crème fraîche
1 TL	Worcestershire Sauce
	Salz
	Pfeffer
etwas	Zucker

Zubereitung

Die Kartoffeln schälen, in Würfel von etwa 1,5 cm Kantenlänge schneiden und in leichtem Salzwasser blanchieren.
Auf ein Sieb gießen und auskühlen lassen.
Die Shrimps ebenfalls auf einem Sieb abtropfen lassen.
Aus den aufgeführten Zutaten in einer separaten Schüssel einen Dressing zubereiten.
Champignons in Scheiben und den Spargel in Stücke von ca. 1 cm Länge schneiden.
Kartoffeln, Champignons und Spargel mischen.
Die Shrimps zunächst in den Dressing geben und erst dann unter den Salat heben.
Eventuell nochmals mit Salz, Pfeffer und ein wenig Essig abschmecken.

Tip

Gefrorene Shrimps eignen sich nicht besonders gut, da sie leicht den Salat verwässern.

Garnitur

Oben auf den Salat ein paar Shrimps legen. Backpinsel in etwas zurückbehaltenen Dressing tauchen und damit Ornamente auftragen.
Evtl. noch Champignons und Spargelspitzen dazulegen.

Zutaten

500 g	Salatkartoffeln
	Salz
2	feingeschnittene Zwiebeln
2	feingehackte Knoblauchzehen
2 EL	Olivenöl
2–3	Peperoni aus dem Glas, feingehackt
2	feingewürfelte Tomaten
1	zerkrümeltes Lorbeerblatt
	Salz,
etwas	Thymian
1/2 Glas	Rotwein
1 EL	Tomatenmark
1 TL	Zucker
1–2	rote Paprikaschote

Zubereitung

Kartoffeln schälen, grob würfeln, in Salzwasser blanchieren und auskühlen l assen. Zwiebeln und Knoblauch in Öl glasig werden lassen, Pepperonis, Tomaten, Lorbeer, Thymian und Salz zugeben. Auf kleiner Flamme ca. 5 Minuten köcheln lassen. Mit Rotwein ablöschen, mit Tomatenmark binden und erneut 5 Minuten köcheln lassen. Anschließend mit Zucker abschmecken und auskühlen lassen. Paprikaschote würfeln und zusammen mit den Kartoffeln unter die Soße heben. Abgedeckt im Kühlschrank 3–4 Stunden ziehen lassen.

Tip

Der Salat läßt sich gut bereits am Vortag zu-bereiten. Vor dem Anrichten evtl. noch mit Salz und Essig nachschmecken.

Garnitur

1–2 Zwiebel schälen, der Länge nach vierteln, aufblättern und die Spitzen in Paprikapulver tauchen. Abwechselnd mit Dreiecken aus roten Paprika-schoten den Schüsselrand auslegen. Evtl. kleine rote Pfefferschoten dazwischen-legen.

Kartoffel-Zwiebelsalat »Schweizer Art«

Zutaten

500 g	Salatkartoffeln
	Salz
2 EL	Öl
150 g	rote Zwiebeln
1	feingehackte Knoblauchzehe
4 EL	weißen Essig
6 EL	Wasser
1/2 TL	Zucker
2 Bund	Frühlingszwiebeln mit Grün
	Salz
	Pfeffer
evtl. etwas	Öl

Zubereitung

Kartoffeln schälen, der Länge nach vierteln und in Salzwasser nicht zu weich garen. Abgießen, auskühlen lassen und in Scheiben schneiden. Zwiebeln grob würfeln und zusammen mit dem Knoblauch im heißen Öl glasig werden lassen. Mit Essig und Wasser ablöschen, kurz aufkochen und über die Kartoffeln geben. Die geputzten, gewaschenen und zusammen mit dem Grün in dünne Scheiben geschnittenen Frühlingszwiebeln ebenfalls zugeben. Mit Salz und Pfeffer abschmecken, eventuell noch etwas Öl unterheben.

Tip

Der Salat erhält durch die Zwiebeln eine leicht rosa Färbung. Durch die Zugabe von 4–5 EL feingewürfelter rote Beete lässt sich dieser Effekt verstärken.

Garnitur

Zurückbehaltenes, in dünne Scheiben geschnittenes Suppengrün zusammen mit Croutons auf den Salat streuen.

»Shree Beans«-Kartoffelsalat

Zutaten

400 g	Salatkartoffeln
	Salz
200 g	weiße Bohnen aus der Dose
200 g	rote Bohnen aus der Dose
200 g	grüne Bohnen aus der Dose
2	feingeschnittene Zwiebeln
2	feingehackte Knoblauchzehen
2 EL	Ahornsirup
3 EL	weißen Essig
9 EL	kaltes Wasser
	Salz
etwas	Zucker
4 EL	Erdnussöl

Zubereitung

Die Kartoffeln schälen und der Länge nach vierteln. Diese dann in dünne Scheiben schneiden, in leichtem Salzwasser ca. 5 Minuten blanchieren, abgießen und auskühlen lassen. Alle Bohnen gut abtropfen, mit Knoblauch Ahornsirup, Essig, Wasser, Pfeffer, Salz sowie Zwiebeln und Zucker 1 Stunde im Kühlschrank abgedeckt ziehen lassen.
Anschließend mit den Kartoffelscheiben mischen und mit Öl vollenden.

Tip

Wer diesen Salat etwas feuriger mag, der kann der Marinade noch 1–2 feingehackte Chillyschoten zugeben.

Garnitur

Den Schüsselrand zuerst mit großen Blättern von Lollo-Rossosalat auslegen, dann den Salat einfüllen und obenauf mit kleinen Würfeln von fein-geschnittenen roten Paprika bestreuen.

Zutaten

750 g	Salatkartoffeln
	Salz
200 g	geräucherten, durchwachsenen Speck
	Öl
2	feingeschnittene Zwiebeln
2–3	Tomaten
	Salz, Pfeffer, Essig
1–2 Bund	geschnittenen Schnittlauch

<u>Für die Garnitur:</u>

1	Tomate in Achtel geschnitten
1 EL	feingeschnittenen Schnittlauch

Zubereitung

Kartoffeln schälen, halbieren und in Salzwasser kochen. In Scheiben geschnitten auskühlen lassen. In der Zwischenzeit den Speck würfeln, mit wenig Öl in einer Pfanne knusprig braten. Die Zwiebeln zugeben und glasig werden lassen. Tomaten ohne Kerngehäuse grob würfeln. Kartoffeln, Speck und Zwiebeln sowie Tomaten mischen. Mit Salz, Pfeffer und Essig abschmecken. Erst zum Schluss den Schnittlauch unterheben.

Tip

Vorsichtig mit Salz würzen, da oftmals der Speck schon salzig ist.
Bei der Verwendung von original Südtiroler Bauernspeck entfällt das Anbraten in der Pfanne. Dann lässt man nur die Zwiebeln in wenig Öl glasig werden.

Garnitur

Den Salat in rustikaler Schüssel anrichten, obenauf mit Tomatenachtel belegen und mit Schnittlauch besteuen.

Zutaten

500 g	Salatkartoffeln
	Salz
250 g	große Muschelnudeln
250 g	Raclette-Käse
2	feingeschnittene Zwiebeln
2 Bund	geschnittenen Schnittlauch
1	feingehackte Knoblauchzehe
	Pfeffer, Salz
1/4 Tasse	Essig
1/2 Tasse	Wasser
3 EL	Öl

Zubereitung

Die Kartoffel schälen, in Würfel von etwa 2 cm Kantenlänge schneiden und in leichtem Salzwasser kochen. Auf einem Sieb abtropfen und vollständig auskühlen lassen. Gleichzeitig die Nudeln kochen, gründlich mit kaltem Wasser durchspülen und ebenfalls auf einem Sieb gut abtropfen lassen. Den Käse in kleine Würfel schneiden und mit Nudeln und Kartoffeln in einer großen Schüssel mischen. Aus Zwiebeln, Knoblauch, Schnittlauch, Pfeffer, Salz, Wasser, Essig und Öl einen Dressing zubereiten und diesen unter den Salat mischen. Etwa 2 Stunden im Kühlschrank ziehen lassen.

Tip

Nudeln und auch die Kartoffeln sollen »al dente« gekocht sein, damit der Salat beim Mischen nicht zu Brei wird.

Garnitur

Etwas feingeschnittenen Käse und Schnittlauch zurückbehalten. Diese mischen und über den Salat streuen.

Kartoffel-Zucchinisalat »Toskanische Art«

Zutaten

500 g	Salatkartoffeln
	Salz
500 g	Zucchini
2	feingewürfelte, rote Zwiebeln
2	feingehackte Knoblauchzehen
1/2 TL	Oregano
	Salz
	Pfeffer
1/4 Tasse	weißen Essig
1	Lorbeerblatt
1/4 l	italienischen Weißwein
2 TL	Zucker
	Olivenöl
200 g	Parmaschinken
1 Bund	frischen Basilikum

Zubereitung

Die Kartoffeln mit der Schale in leichtem Salzwasser garen. Anschließend etwas auskühlen lassen und in Würfel von etwa 2 cm Kantenlänge schneiden. Die Zucchini nach dem Waschen in gleiche Größe schneiden und in eine Schüssel geben. Zwiebeln und Knoblauch in wenig Olivenöl in der Pfanne glasig werden lassen, Oregano und Lorbeerblatt zugeben, mit Wein und Essig ablöschen und über die Zucchini geben. Diese mit Salz und Pfeffer würzen, kurz durchmengen und abgedeckt auskühlen lassen. Den Schinken in Würfel schneiden und zusammen mit den gezupften Basilikumblättern erst unter die Zucchini mischen, dann mit den Kartoffelwürfel vermischen. Eventuell nochmals nachschmecken.

Tip

Ersatzweise zum Parmaschinken lässt sich auch ein San-Daniele-Schinken verwenden.

Garnitur

2 Scheiben italienisches Weißbrot mit Olivenöl in der Pfanne goldbraun rösten. Nach dem Auskühlen mit gehackter Petersilie bestreuen und kleine Schinkenwürfel über den Salat geben.

Zutaten

1000 g	Salatkartoffeln
	Salz
2	feingewürfelte Zwiebeln
250 g	Salami
3–4	Essiggurken
	Pfeffer
	Salz
	Essig
5 EL	Mayonnaise

Zubereitung

Die Kartoffeln waschen und in leichtem Salzwasser als Pellkartoffeln kochen. Anschließend etwas auskühlen lassen, schälen und in Scheiben schneiden. Gurken und Salami in Streifen schneiden und mit den Kartoffeln vermischen. Mit Pfeffer, Salz, sowie Essig abschmecken. Zum Schluss die Mayonnaise zugeben.

Tip

Am besten geeignet ist hierfür eine ungarische Salami.

Garnitur

Den Salat anrichten und obenauf ein Gitter aus Salamistreifen legen. In die Zwischenfelder kleine Tüten aus Wurstscheiben setzen, deren Mitte mit Anschnitten von Gewürzgurken dekoriert werden.

Kartoffelsalat »Türkische Art«

Zutaten

750 g	kleine Salatkartoffeln
	Salz
1 Bund	Frühlingszwiebeln
100 g	schwarze Oliven ohne Stein
3–4	mittelgroße Tomaten
Saft	von 2 Zitronen
1/2 Tasse	Olivenöl
	Salz
	Pfeffer

Zubereitung

Die Kartoffeln waschen, mit etwas Salz kochen, ein wenig abkühlen lassen und anschließend in Würfel von etwa 1 cm Kantenlänge schneiden.
Die Petersilie grob hacken, die Zwiebeln in dünne Ringe schneiden und die Tomaten in nicht zu kleine Ecken schneiden. Aus Zitronensaft, Salz, Pfeffer sowie Olivenöl einen Dressing bereiten. Oliven, Kartoffeln, Zwiebeln, Tomaten und Petersilie vorsichtig mischen, den Dressing unterheben.

Tip

Den Salat erst 1 Std. im Kühlschrank abgedeckt ruhen lassen, dann kurz auflockern und nochmals abschmecken. So läßt er sich immer auf den eigenen Geschmack abstimmen.

Garnitur

Obenauf kleine Würfel von Schafskäse bestreuen. Entsteinte Oliven und Zwiebelringe dazwischensetzen.

Kartoffelsalat »Ungarische Art«

Zutaten

750 g	Salatkartoffeln
	Salz
250 g	ungarische Salami
3	gewürfelte Zwiebeln
2–3	verschiedenfarbige Paprika
1	feingehackte Knoblauchzehe
	Salz
1/8 l	warme Fleischbrühe
	Paprikapulver
	Pfeffer
	Essig
	Öl

Zubereitung

Die Kartoffeln waschen, mit Salz kochen, etwas auskühlen lassen und schließlich nach dem Schälen in Scheiben schneiden. Salami und Paprikaschoten in gleich große Streifen von etwa 2 cm Länge schneiden. Paprikapulver, Knoblauch, Pfeffer, Salz, sowie Essig mit der Brühe gut vermischen. Kartoffeln, Salami und Paprikaschoten in eine Schüssel geben, mit der Brühe begießen und anschließend gut durchmengen. Mit Öl vollenden.

Tip

Der Geschmack des Salates wird kräftiger, wenn die Salami zusammen mit Zwiebeln und Knoblauch vorher mit wenig Schweineschmalz in der Pfanne angebraten wird.

Garnitur

Den Salat obenauf mit Würfel von Paprika und Salami bestreuen. Anschließend etwas gehackte Petersilie darüber geben.

Kartoffelsalat »Vegetarische Art«

Zutaten

400 g	Salatkartoffeln
	Salz
1	kleiner Zucchino
1	kleine rote Paprikaschote
1 Dose	Gemüsemais, klein
1 Bund	Radieschen
50 g	Feldsalat
2	rote Zwiebeln
1 Schachtel	Brunnenkresse
	Pfeffer
	Salz
	Zucker
1/4 Tasse	weißen Essig
1 Tasse	Wasser
1	feingehackte Knoblauchzehe
	Öl

Zubereitung

Die Kartoffeln schälen, in Würfel von
ca. 2 cm Kantenlänge schneiden und in
leichtem Salzwasser garen. Die fertigen
Kartoffeln auf ein Sieb zum Abtropfen und
Auskühlen geben. Zucchino, Paprika, Zwiebeln
in kleine Würfel schneiden und zusammen mit
dem abgetropften Mais sowie Knoblauch in
einer großen Schüssel mischen. Aus Wasser,
Essig, Pfeffer, Salz und Brunnenkresse einen
Dressing zubereiten. Mit diesem Dressing die
Gemüse marinieren und 1 Std. im Kühlschrank
ziehen lassen. Anschließend die Kartoffeln
untermischen und das Öl zugeben. Erneut
1 Stunde im Kühlschrank ziehen lassen.

Tip

Vor dem Anrichten den Salat mit einer
Zinkengabel (Fleischgabel) auflockern.
So sieht er luftiger und frischer aus.

Garnitur

Mit gehackter Petersilie
bestreuen.

Warmer Kartoffel-Gurkensalat

Zutaten

750 g	Salatkartoffeln
	Salz
1	kleinere Salatgurke
2	feingeschnittene Zwiebeln
1 Bund	gehackten Dill
1/2 Tasse	heiße Fleisch- oder Instantbrühe
	Salz
	Pfeffer
	Essig
	Öl

Für die Garnitur:

2	je 5 cm lange Endstücke der Gurke
1 EL	gehackten Dill
1/2	grob gewürfelte Zwiebel

Zubereitung

Die Kartoffeln waschen und mit Salz als Pellkartoffeln kochen. Die geschälten, in Scheiben geschnittenen Kartoffeln warm halten. Die Salatgurke schälen, hobeln und zusammen mit dem Dill unter die Kartoffeln mischen. Fleischbrühe, Essig, Salz, Pfeffer, sowie Öl zugeben. Den Salat sofort zu Tisch bringen.

Tip

Um die Kartoffelscheiben warm zu halten, vor Arbeitsbeginn eine große Metall- oder Porzellanschüssel im Backrohr bei 60 Grad vorwärmen.

Garnitur

Die Endstücke der Gurke mit Schale in kleine Würfel schneiden und mit etwas gehacktem Dill mischen. Diese zusammen mit Zwiebelwürfel auf den Salat streuen.

Zutaten

1500 g	Salatkartoffeln
	Salz
200 g	Fleischwurst
3–4	Essiggurken
2	feingeschnittene Zwiebeln
4 EL	Mayonnaise
	Salz
	Pfeffer
	Essig
	Öl

Für die Garnitur:

8	kleine Gurkenfächer
2 EL	gewürfelte Fleischwurst
1	grob gehackte rote Zwiebel

Zubereitung

Die Kartoffeln waschen und mit Salz als Pellkartoffeln kochen. Anschließend schälen und in dünne Scheiben schneiden. Fleischwurst und Gurken in Würfel schneiden und zusammen mit Zwiebeln und Mayonnaise unter die Kartoffelscheiben mischen. Mit Salz, Pfeffer, Essig und Öl abschmecken.

Tip

Statt Essig das Gurkenwasser zum Würzen verwendet, gibt dem Salat einen besonders würzigen Geschmack.

Garnitur

Den Salat obenauf mit kleinen Gurkenfächern und gewürfelter Fleischwurst belegen.

Zutaten

500 g	Salatkartoffeln
	Salz
250 g	gepökelte und gekochte Ochsenzunge
1	kleine rote Paprikaschote
1	kleine grüne Paprikaschote
1	kleine gelbe Paprikaschote
2	rote Zwiebeln
	Salz
	Pfeffer
	Essig
	Öl

Zubereitung

Die Kartoffeln mit Salz als Pellkartoffeln kochen, schälen, auskühlen lassen und schließlich in Scheiben schneiden. Ochsenzunge sowie Paprikaschoten in dünne Streifen von etwa 2 cm Länge und die Zwiebeln in gröbere Würfel schneiden. Kartoffeln, Ochsenzunge, Paprikaschoten sowie Zwiebeln mischen und mit Salz, Pfeffer, Essig und Öl würzen.

Tip

Um dem Salat etwas mehr Raffinesse zu verleihen, kann man auch die Kartoffeln zuerst in rohem Zustand in dünne Stäbchen von ca. 3-4 cm Länge schneiden, dann kurz in Salzwasser blanchieren und nach dem Auskühlen weiterverarbeiten.

Garnitur

Separat 100 g aufgeschnittene Pökelzunge beim Metzger kaufen. Die Scheiben zu Röllchen formen und zusammen mit Petersiliensträußchen auf den angerichteten Salat setzen.

Rezeptverzeichnis

»Amerikanische Art«	12
Kartoffel-Käse-Salat »Appenzeller Art«	14
»Asiatische Art«	16
…nach »Bauern Art«	18
»Bayerische Art«	18
»Brauer Art«	20
Bunter…	22
…»einfache Art«	24
»Elsässer Art«	24
»Englische Art«	26
»Gärtnerinnen Art«	28
»Hamburger Art«	30
Kartoffel-Nudelsalat »Harlekin«	32
»Hausfrauen Art«	32
»Frankfurter Art«	34
»Hessische Art«	34
…nach »Holländischer Art«	36
Kartoffel-Krautsalat »Ismaninger Art«	38
»Jäger Art«	40
»Kalifornische Art«	42
Kartoffel-Artischockensalat	44
…mit »Cocktailtomaten«	46
…mit Endivien	46
Kartoffel- und Feldsalat gemischt	48
…mit Frühlingszwiebeln	50
…in Kräutermayonnaise	52

Kartoffel-Eiersalat mit Kressedressing	54
…mit Mozzarella	56
…mit Räucherlachs	58
…mit Senf	60
…mit frischem Spargel	62
…Gelegter,… mit Speck	64
…»nach Nizza Art«	66
…»Norwegische Art«	68
…»Ostpreußische Art«	70
…»Pariser Art«	72
Kartoffel-Shrimpssalat »Prinzess«	74
…»Roter Teufel«	76
Kartoffel-Zwiebelsalat	
…»Schweizer Art«	78
»Shree Beans«	80
»Südtiroler Art«	82
»Tessiner Art«	82
»Toskanische Art«	84
»Tschechische Art«	86
»Türkische Art«	88
»Ungarische Art«	90
»Vegetarische Art«	92
Kartoffel-Gurkensalat, warmer	94
»Westfälische Art«	96
»Zigeuner Art«	98

Der Autor:
Hans Peter Matkowitz
geboren 1951 im Ruhrgebiet, gelernter Koch, Kantinenleiter in einem Großbetrieb und langjähriger Dozent an der Volkshochschule im Fachbereich Hauswirtschaft/Kochen.
Seine Küchentips, Kochrezepte und Anekdoten rund um den Herd sind regelmäßiger Bestandteil verschiedener Hörfunksendungen.

© EDITION XXL GMBH
Reichelsheim, 2000

Rezepte: Hans Peter Matkowitz
Fotos: Gerhard Poggenpohl
CMA, Bonn (S. 8-11)

ISBN 3-89736-100-0